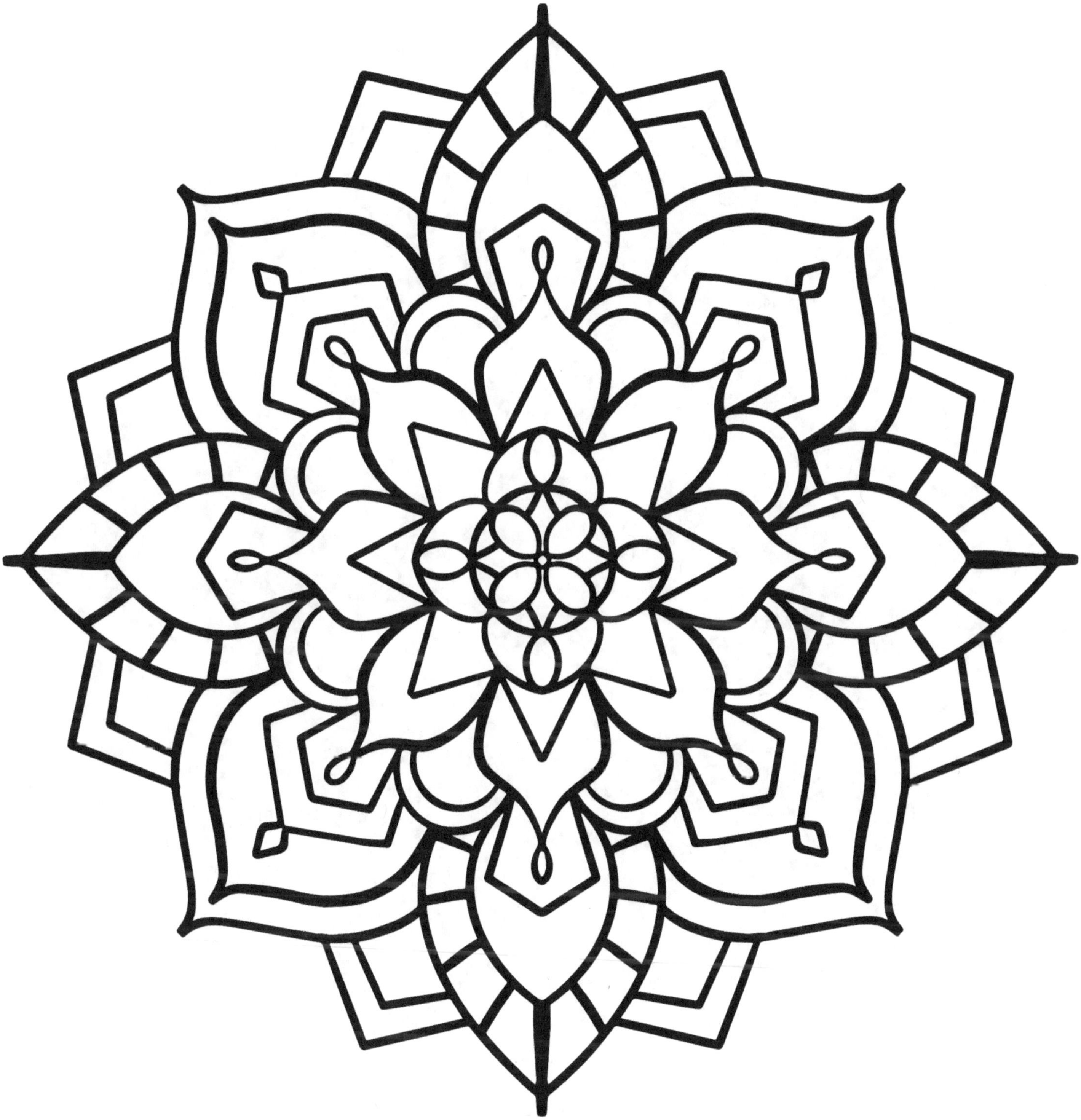

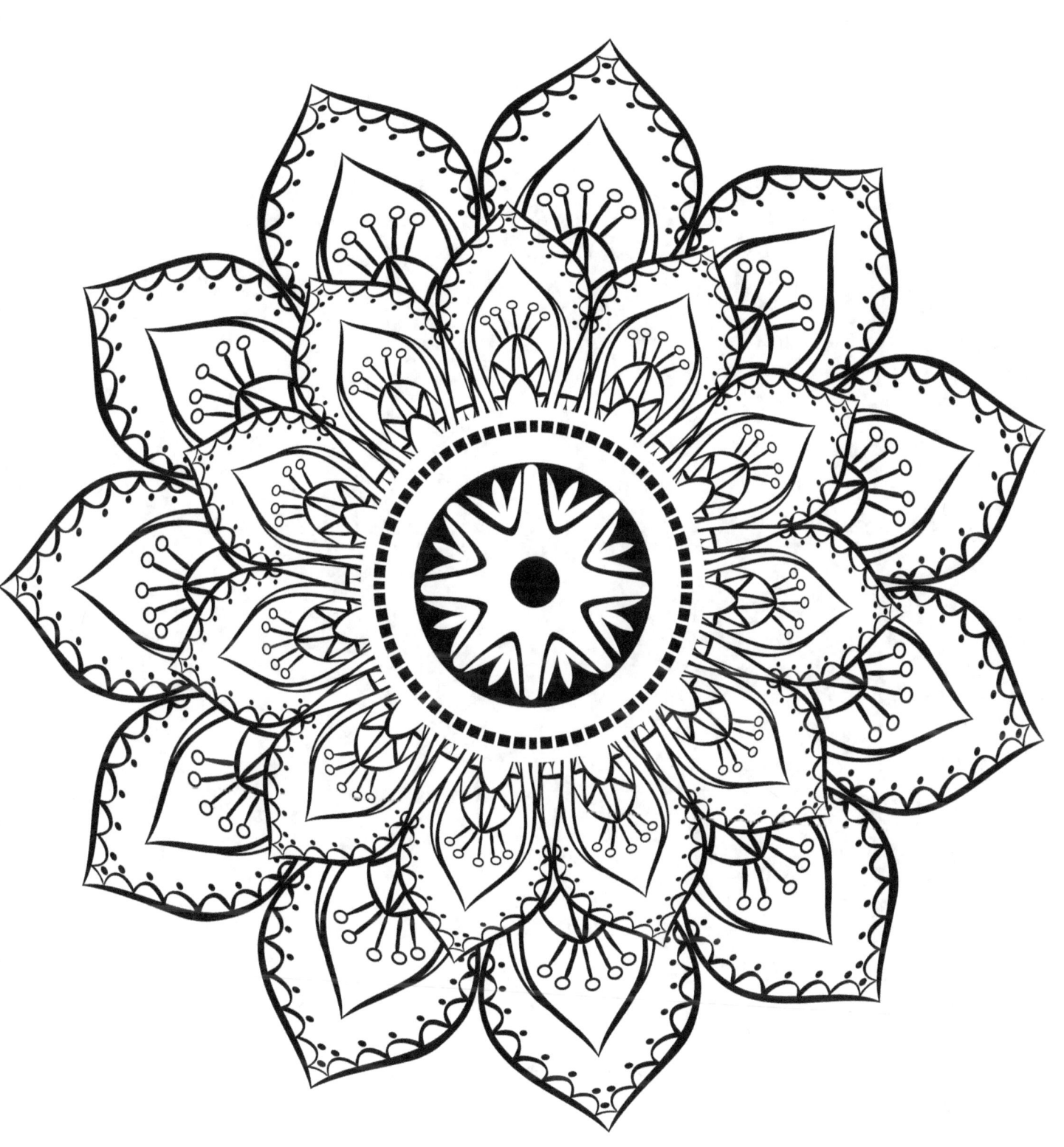

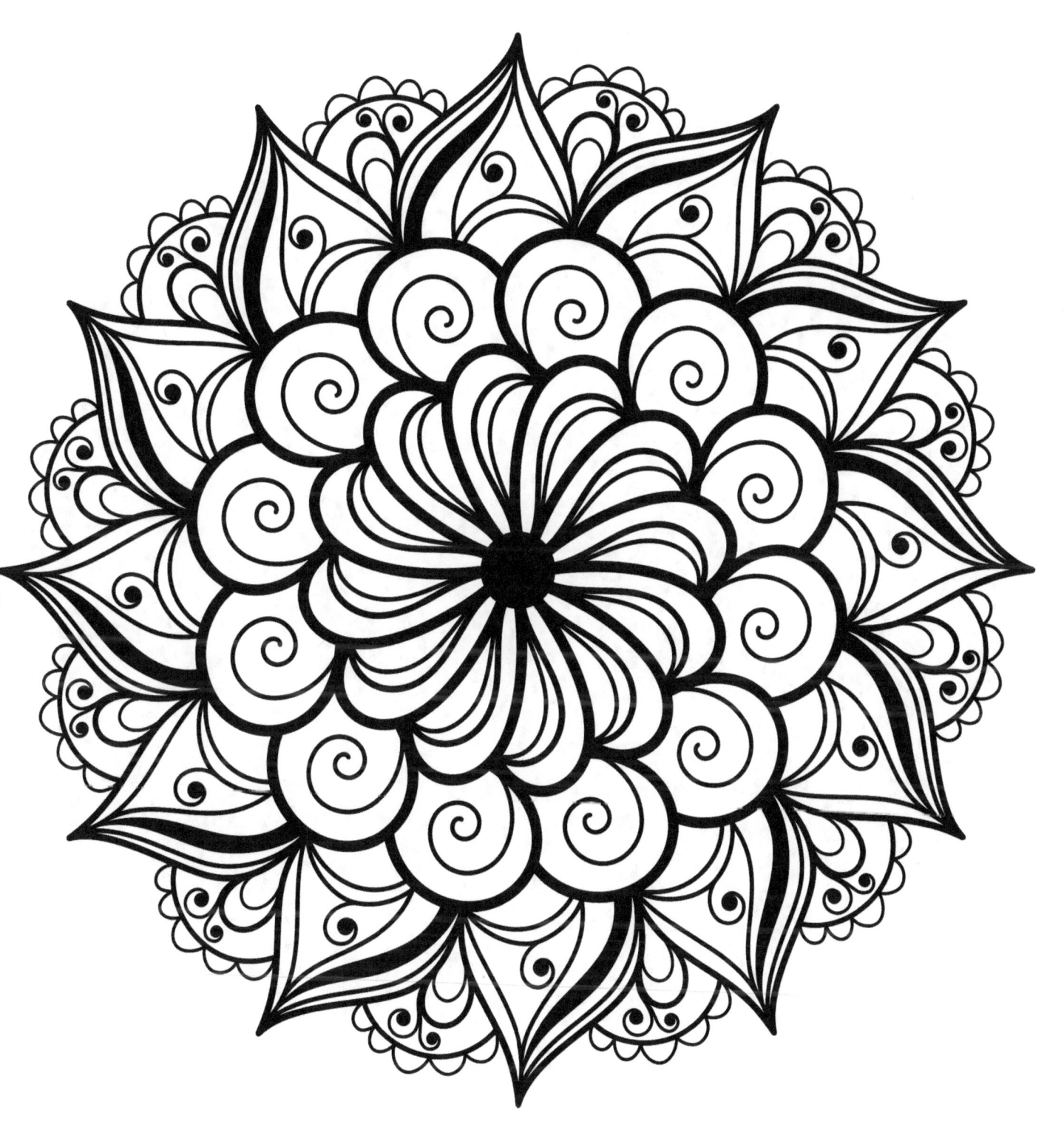

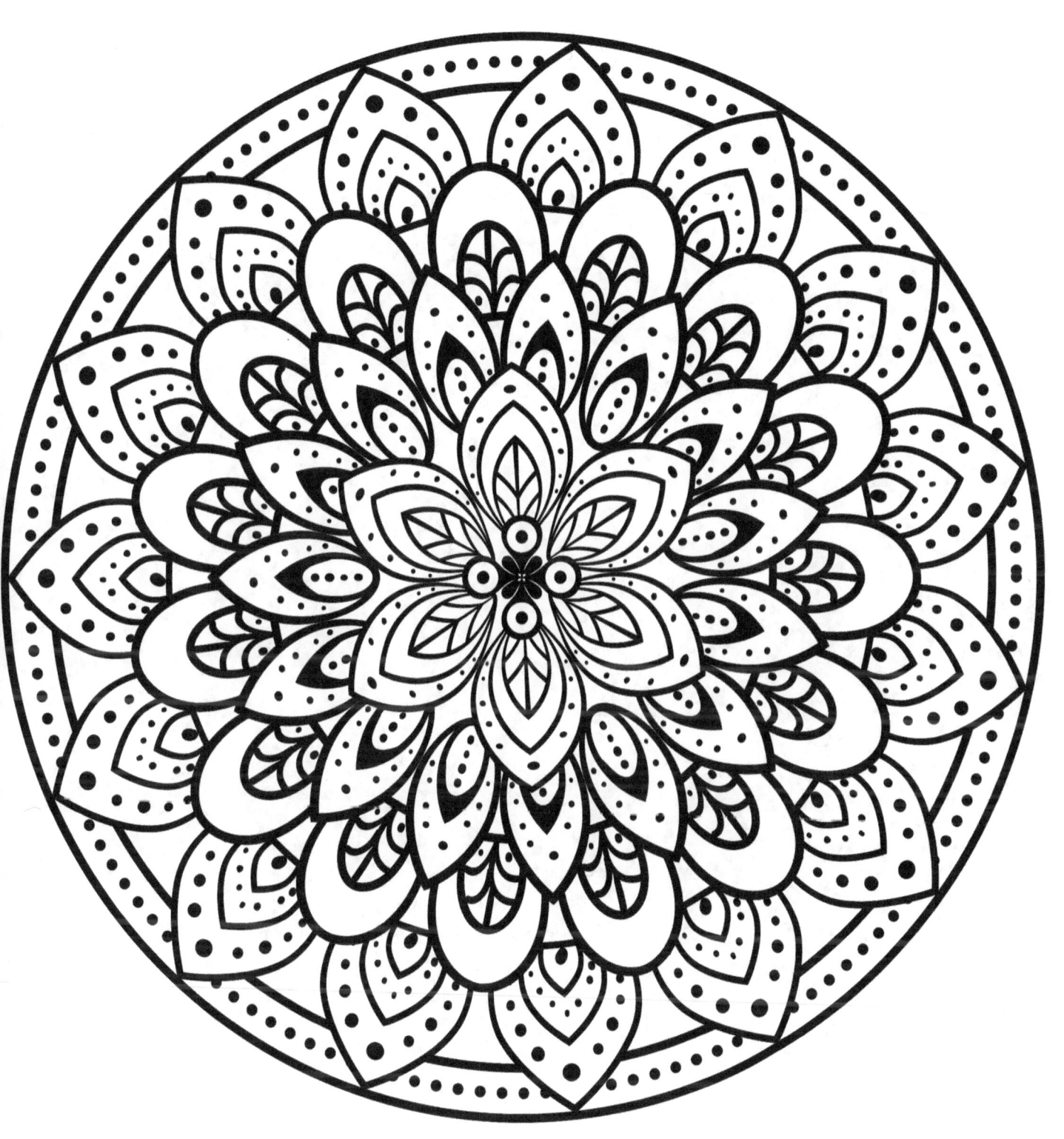

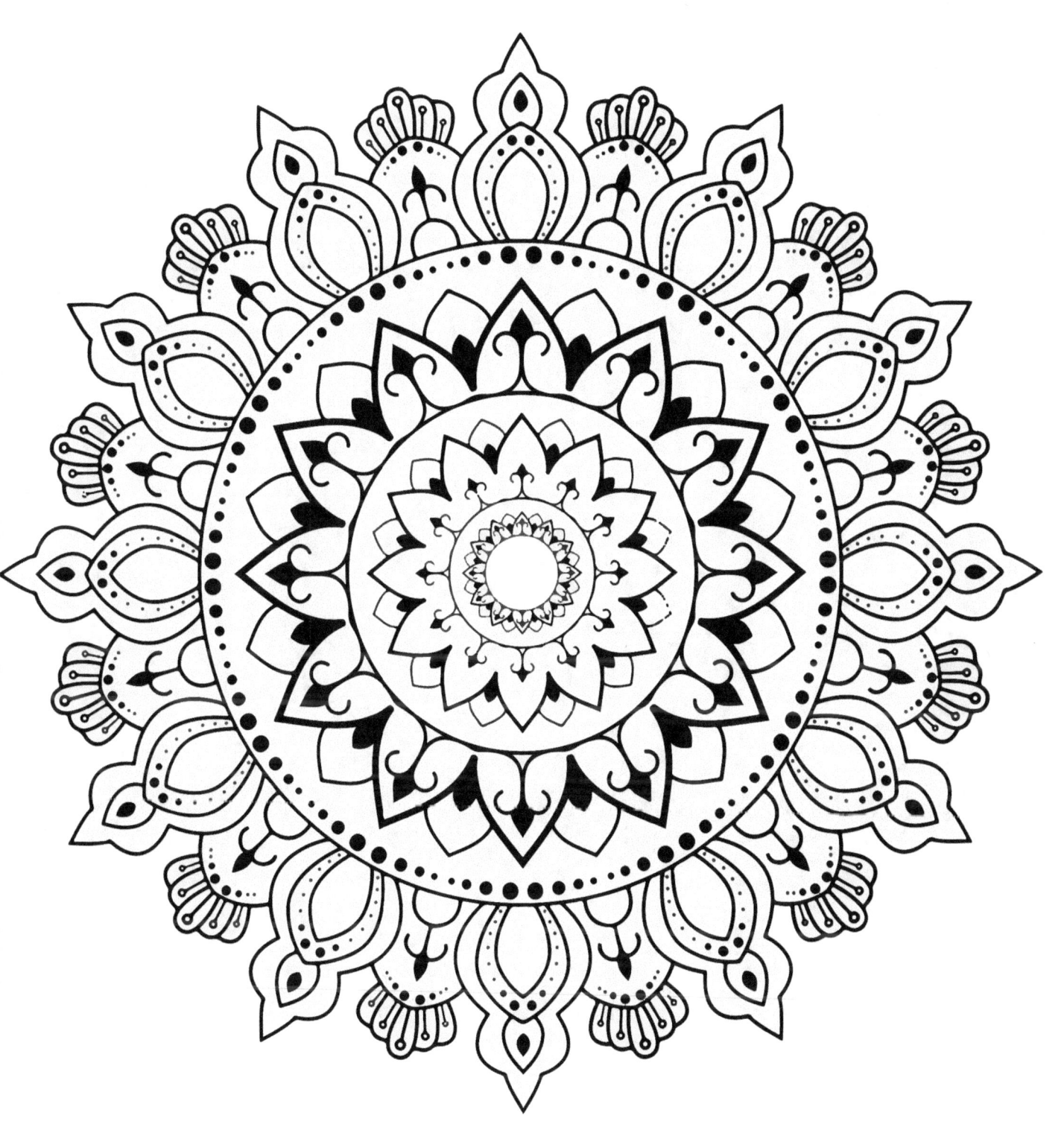

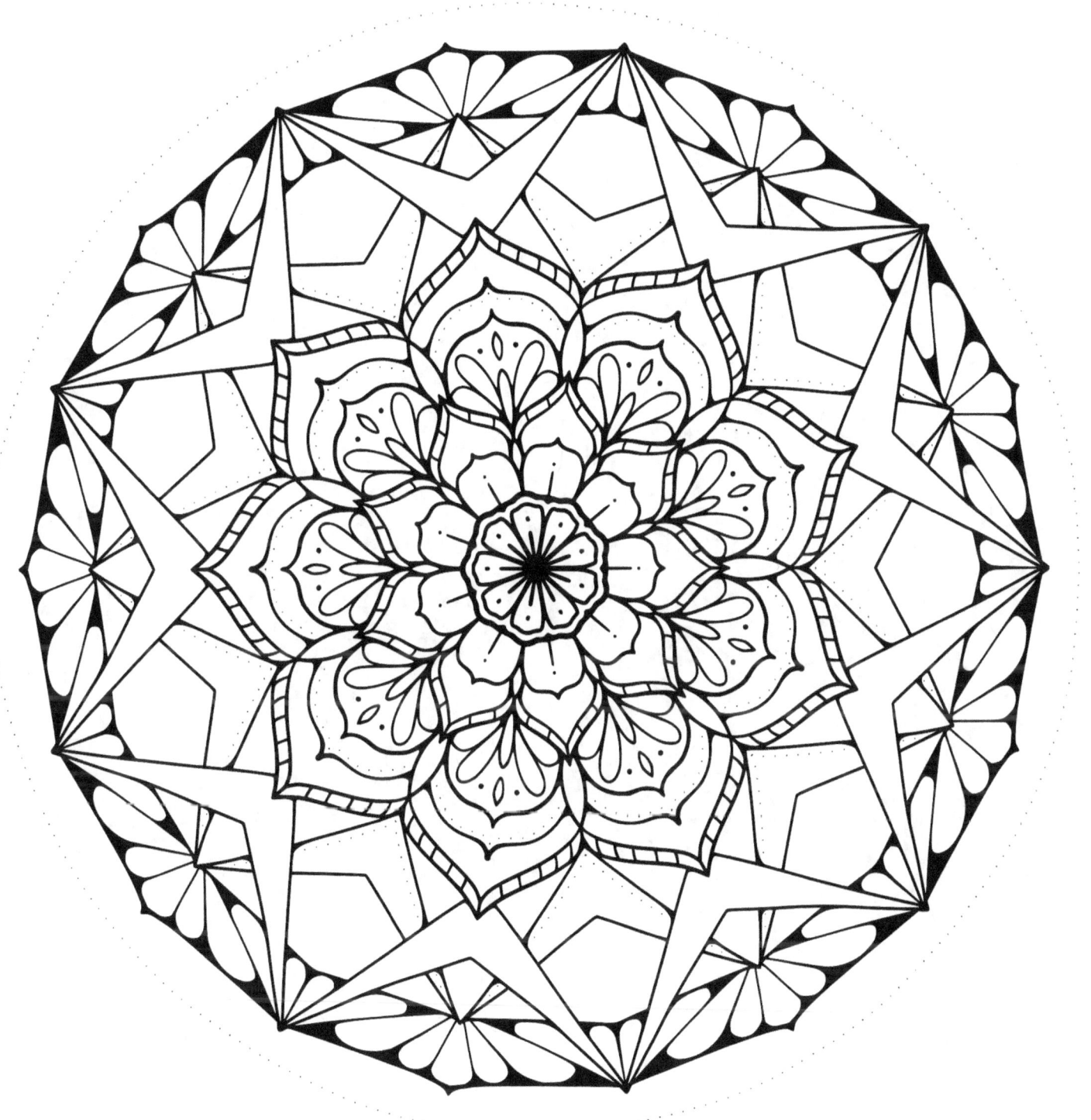

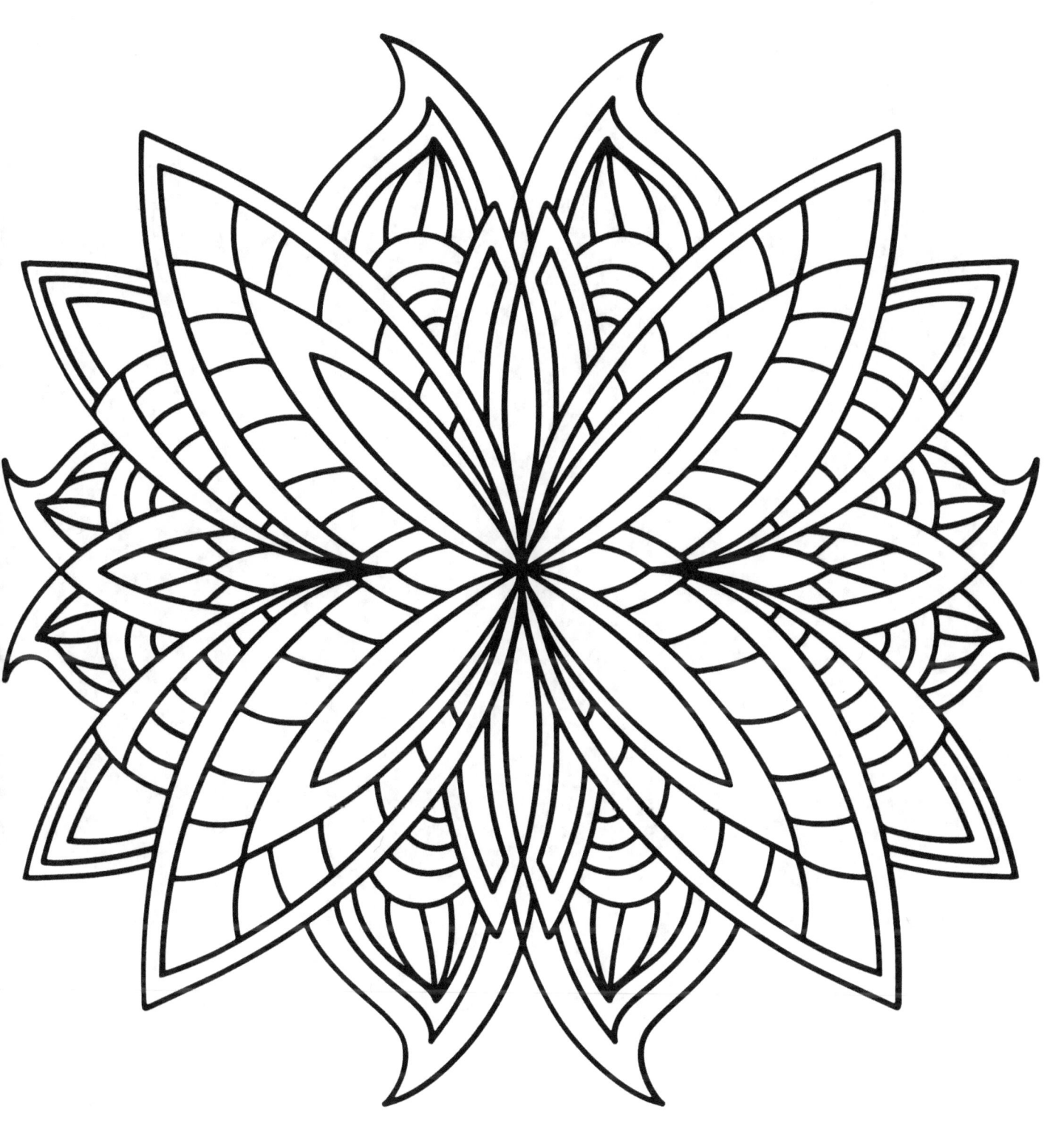

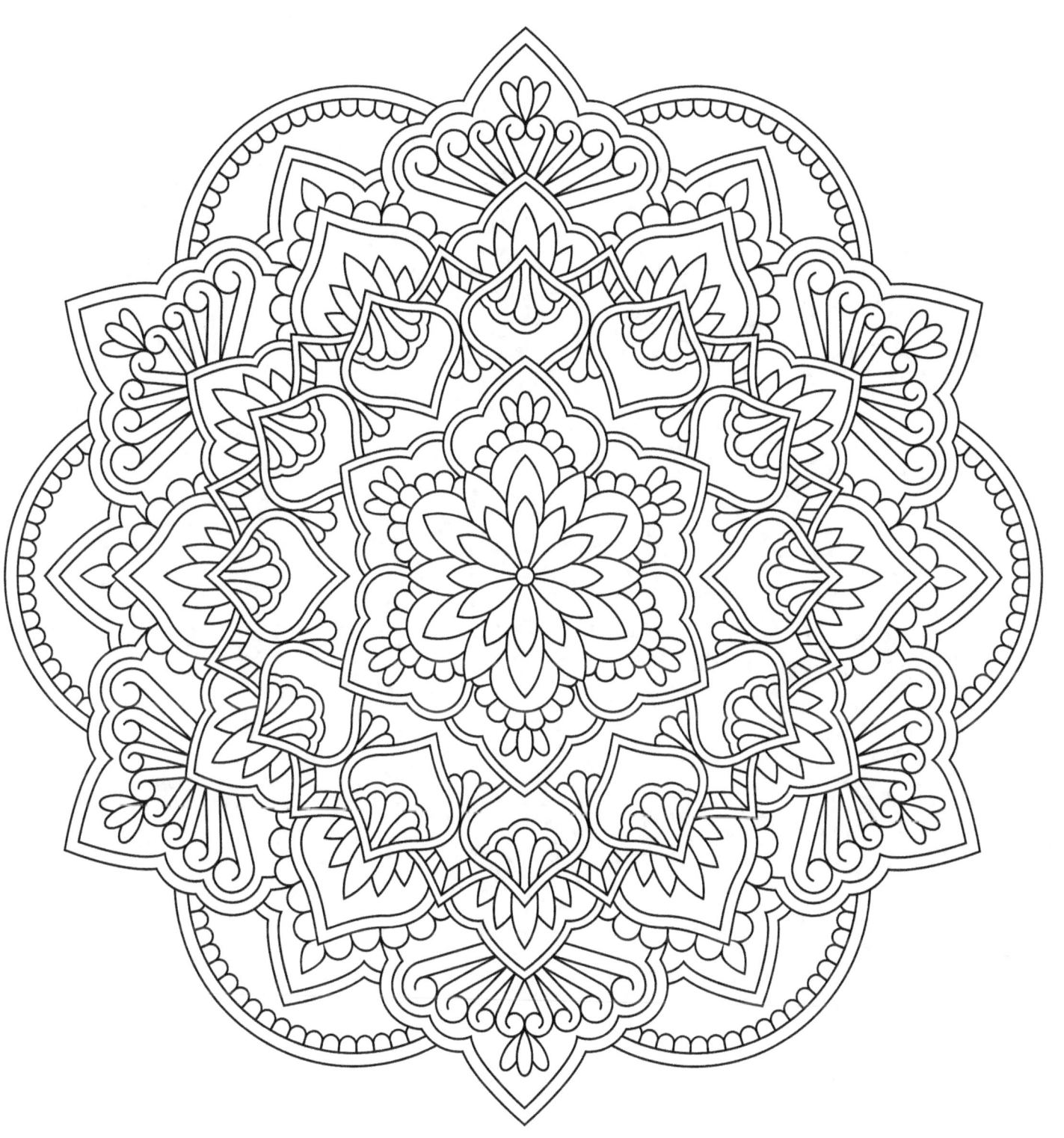

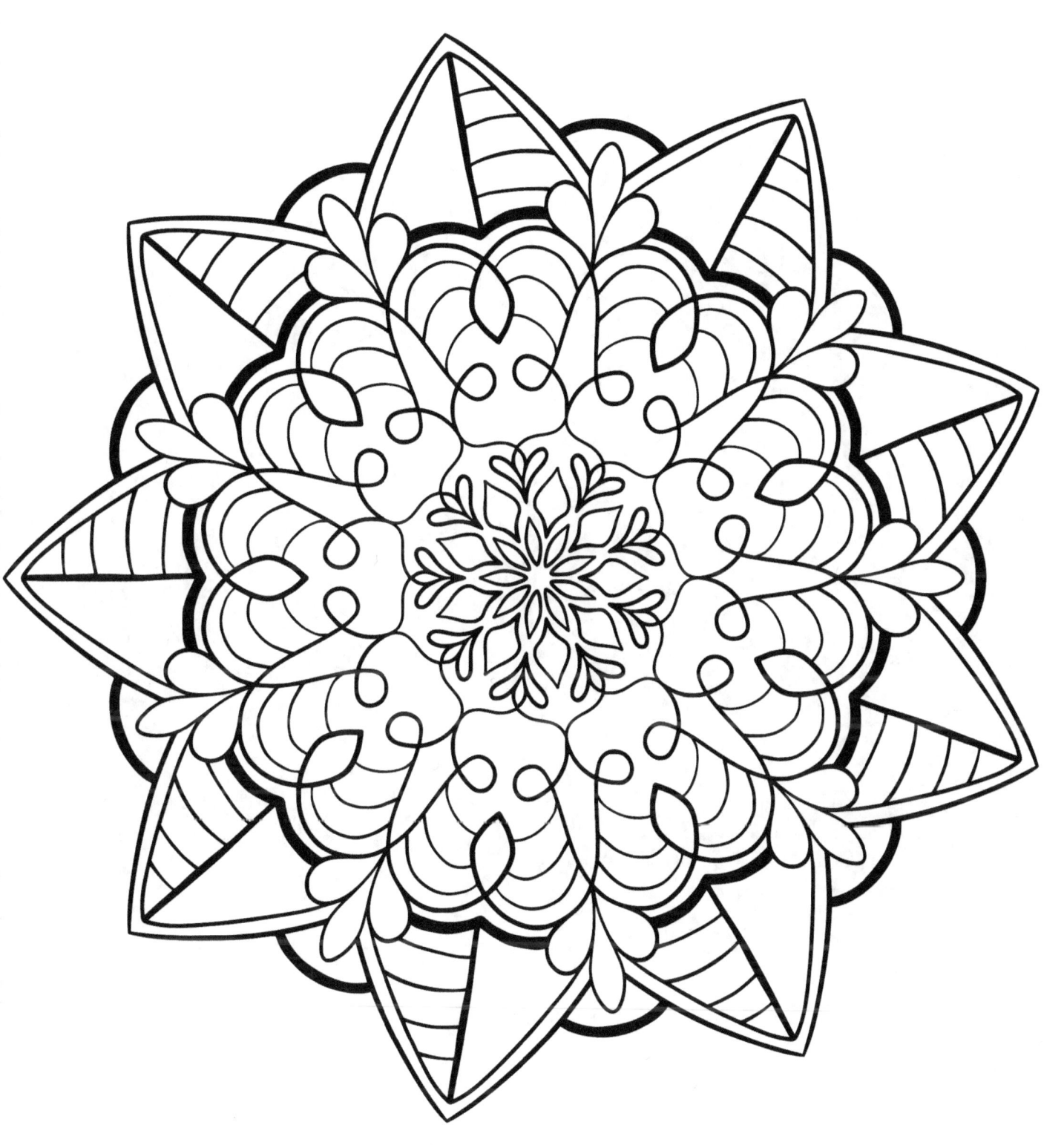

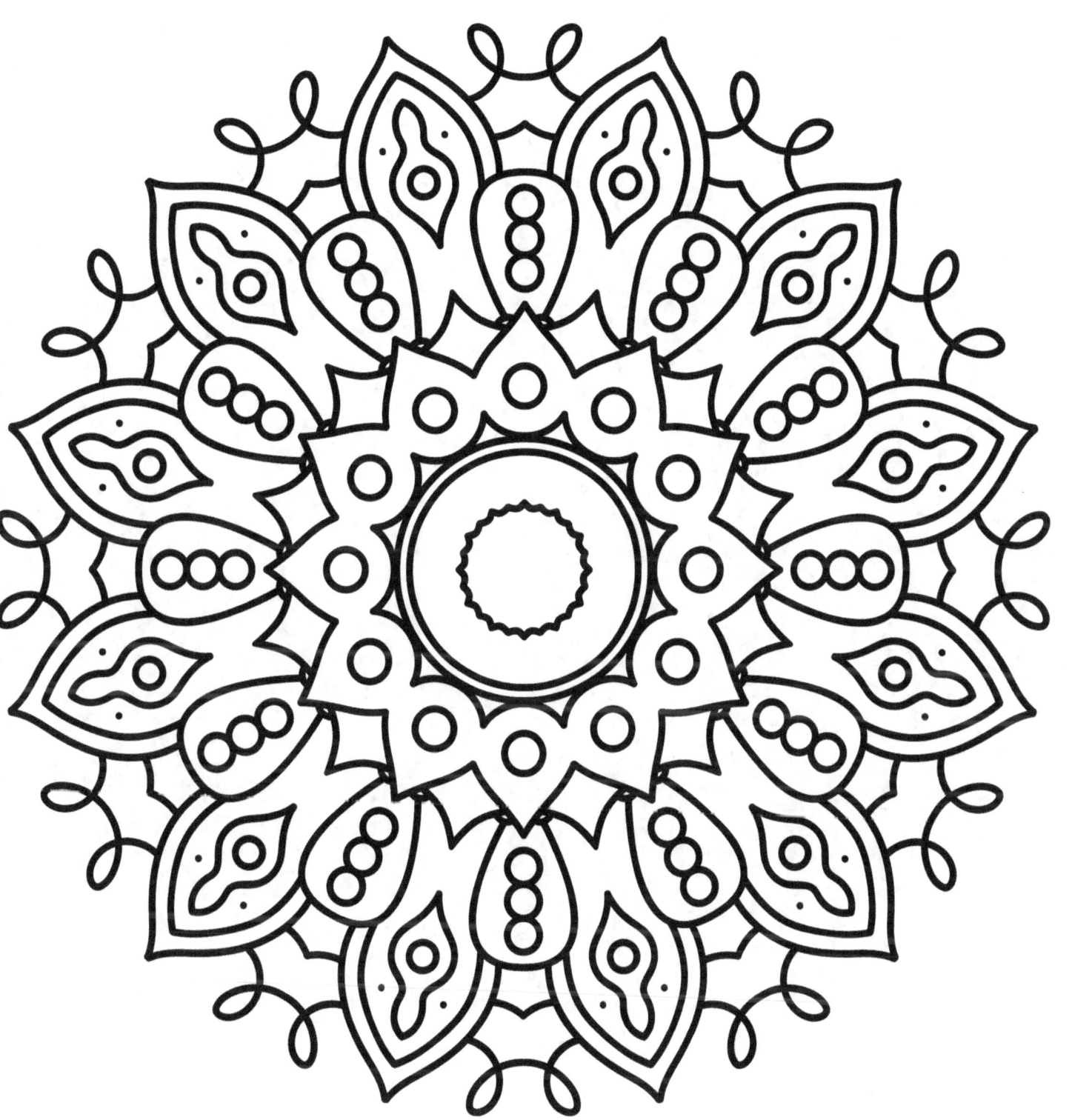

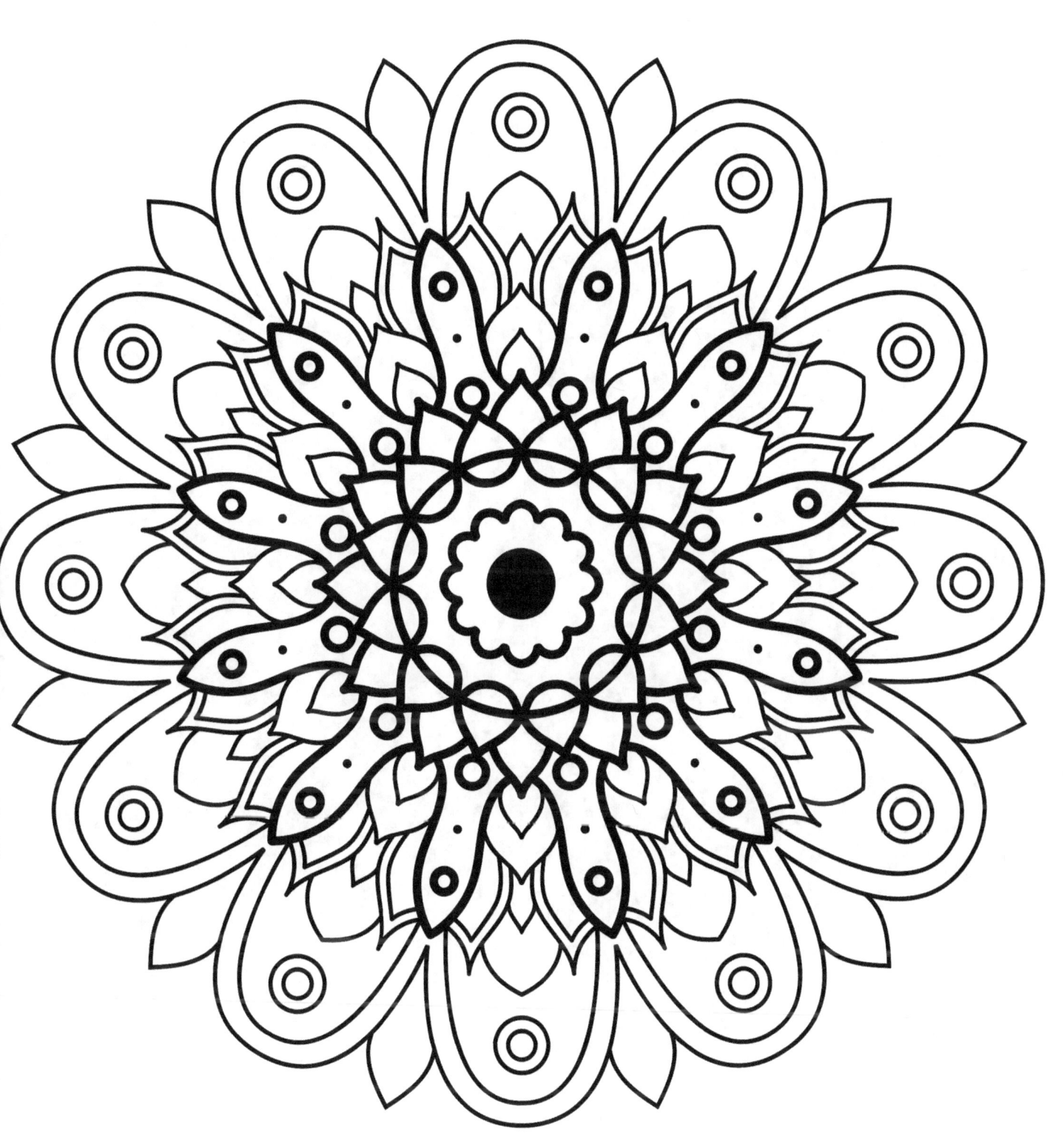

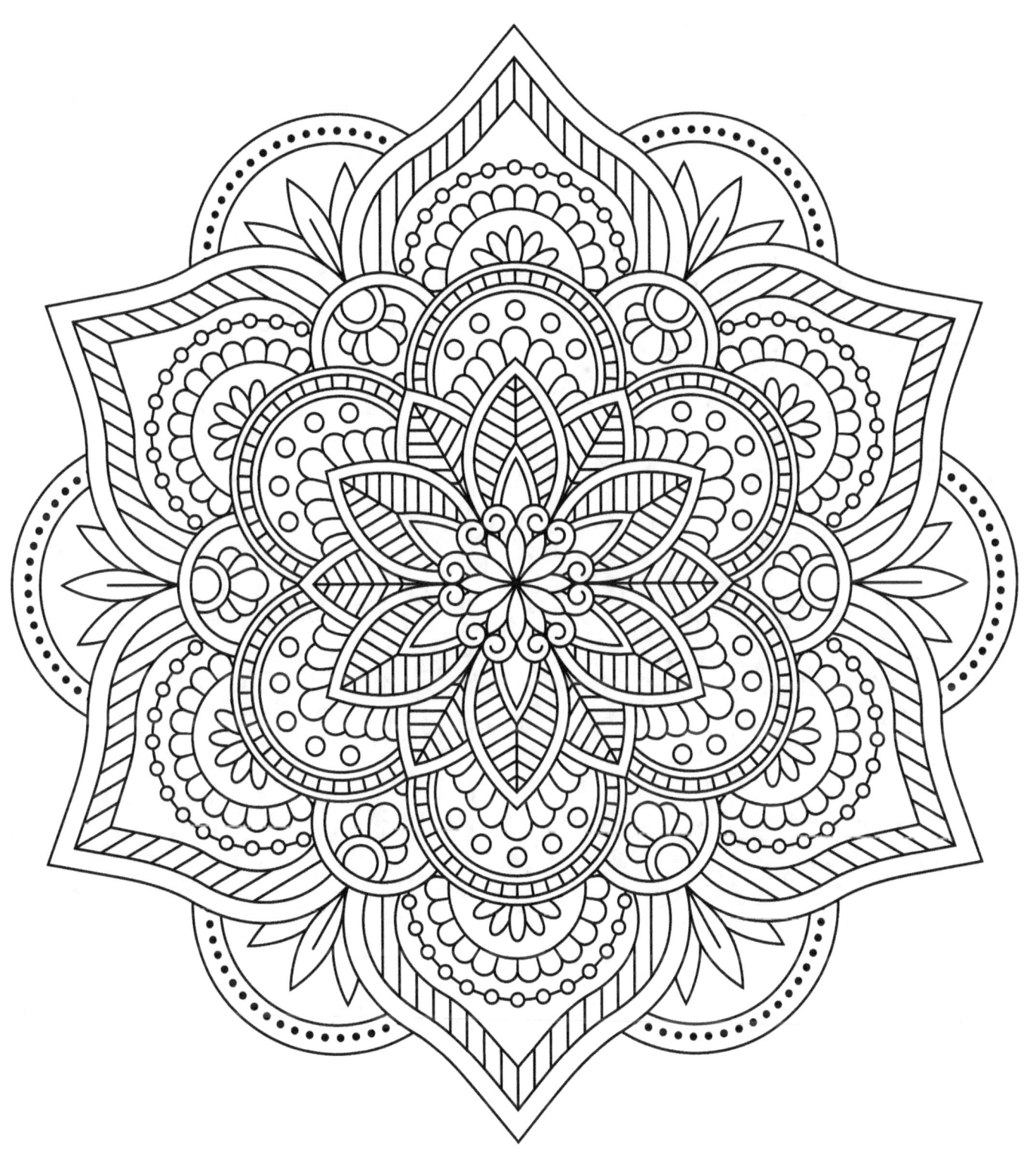

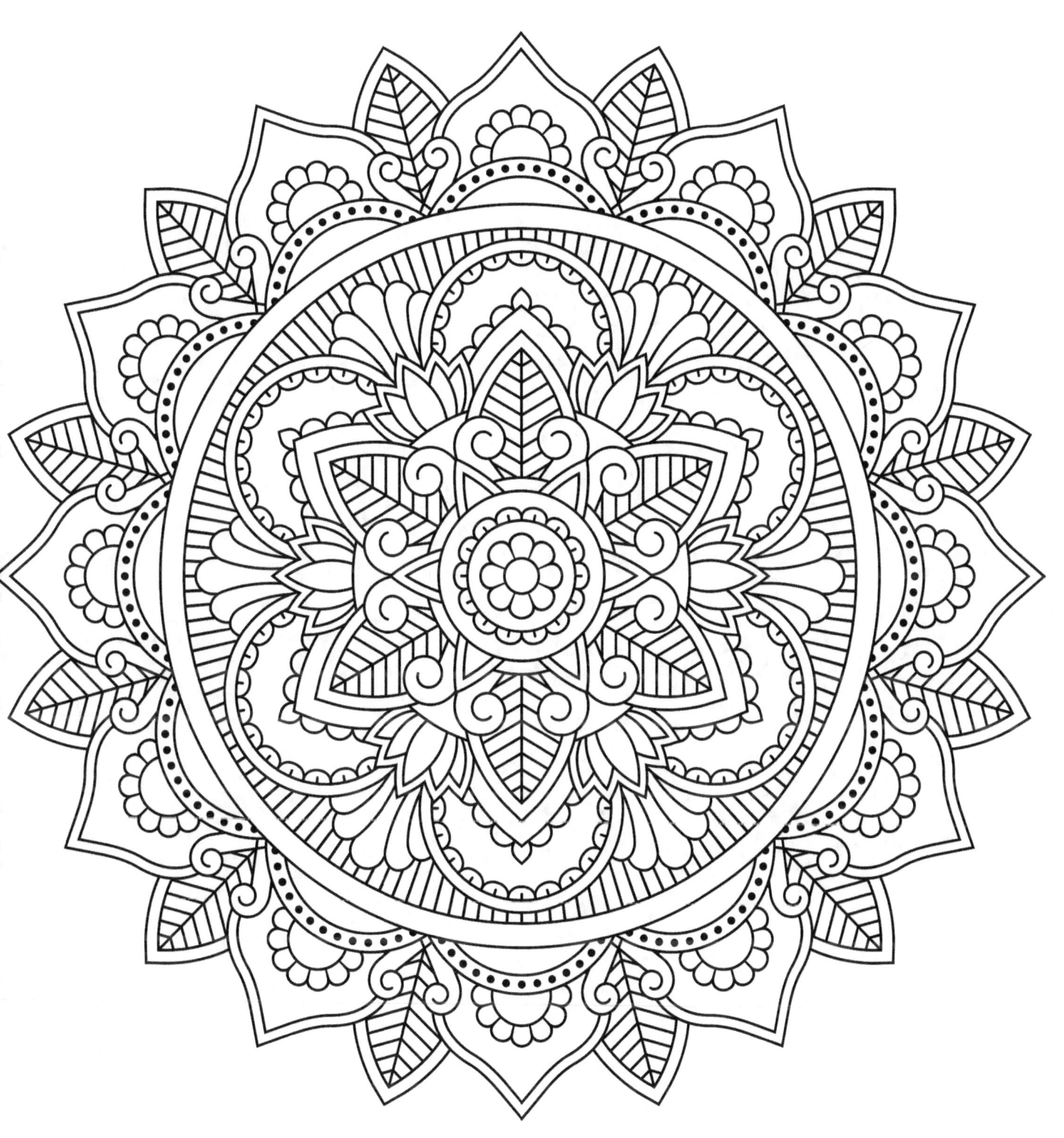

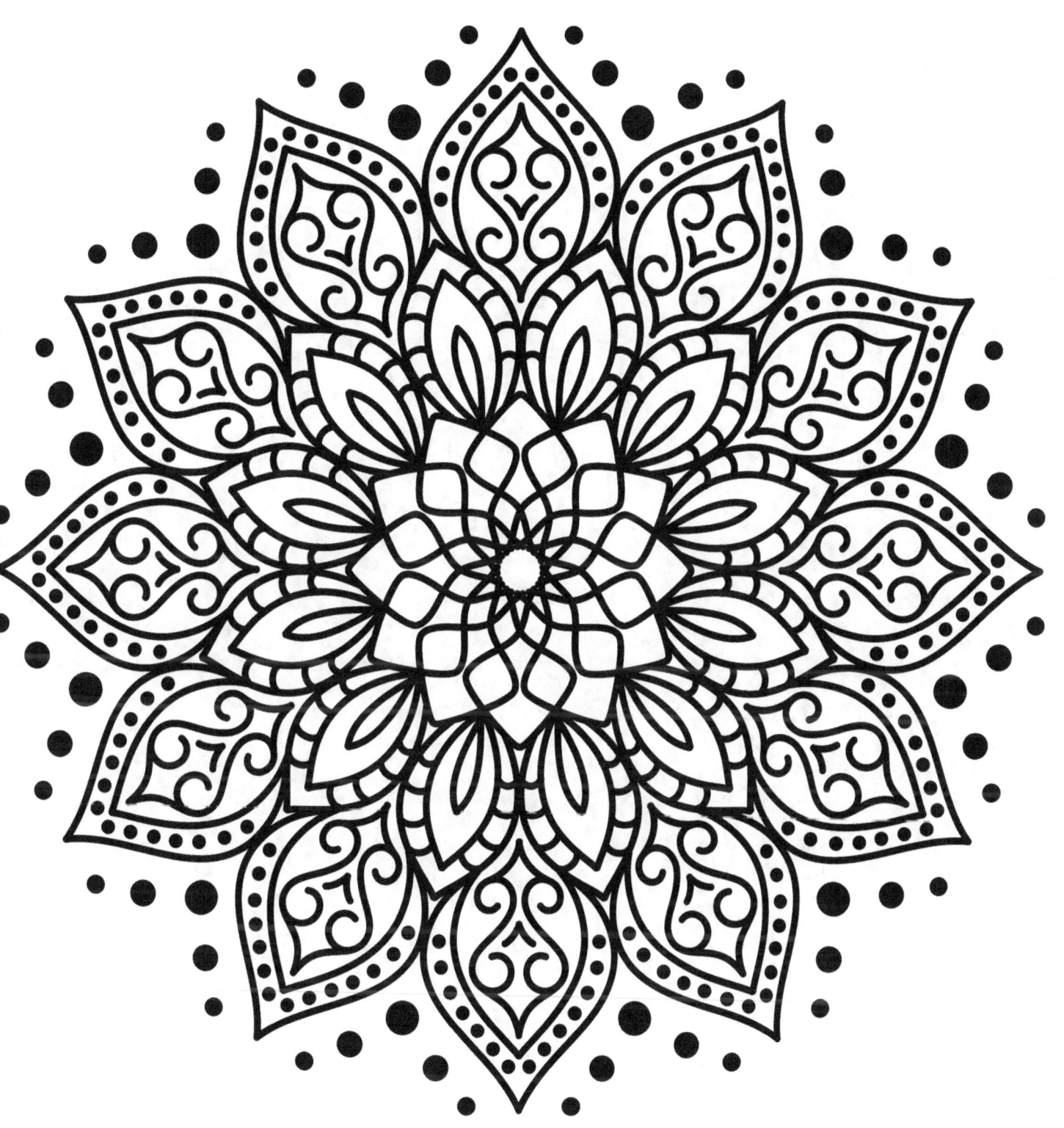

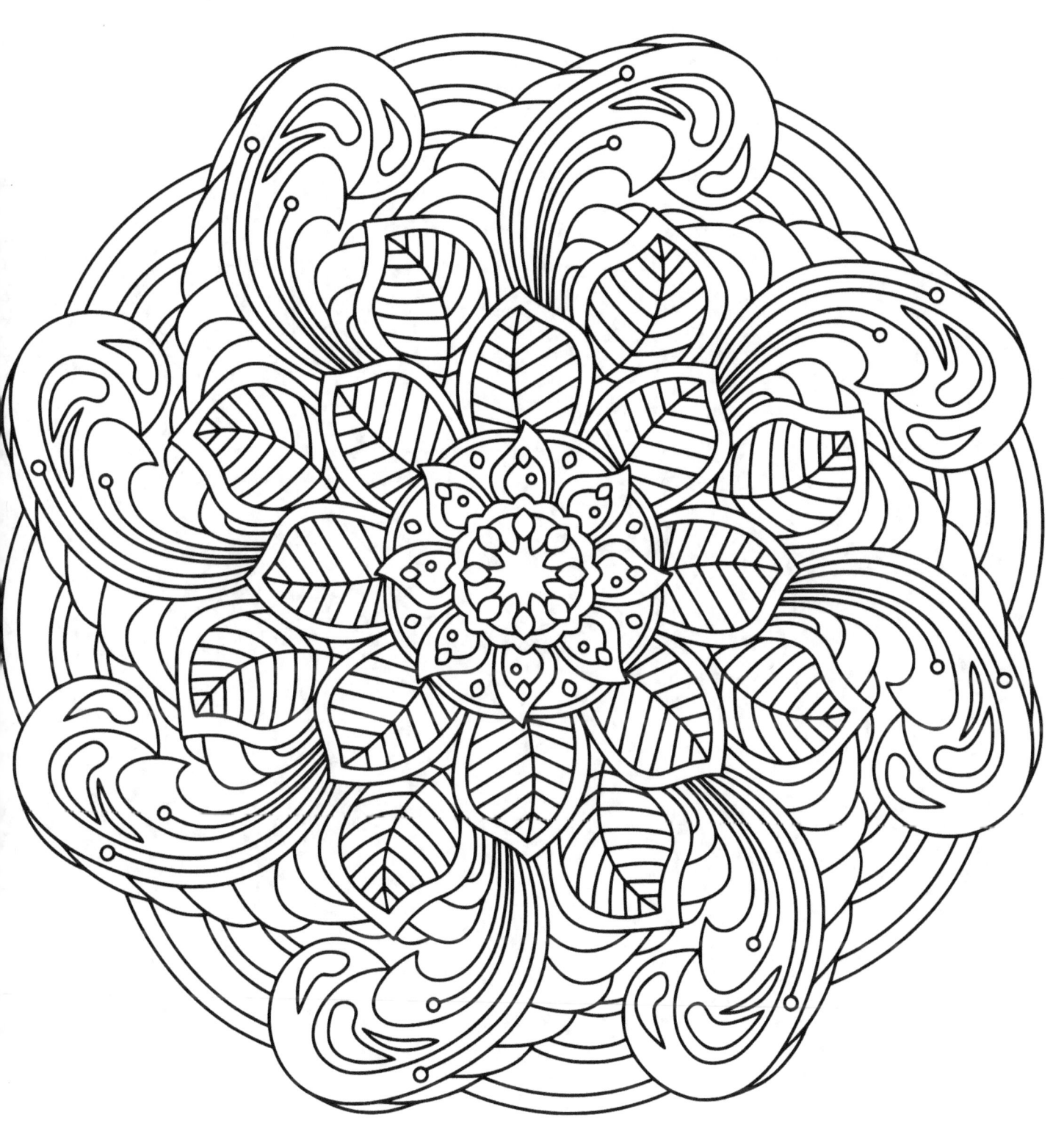

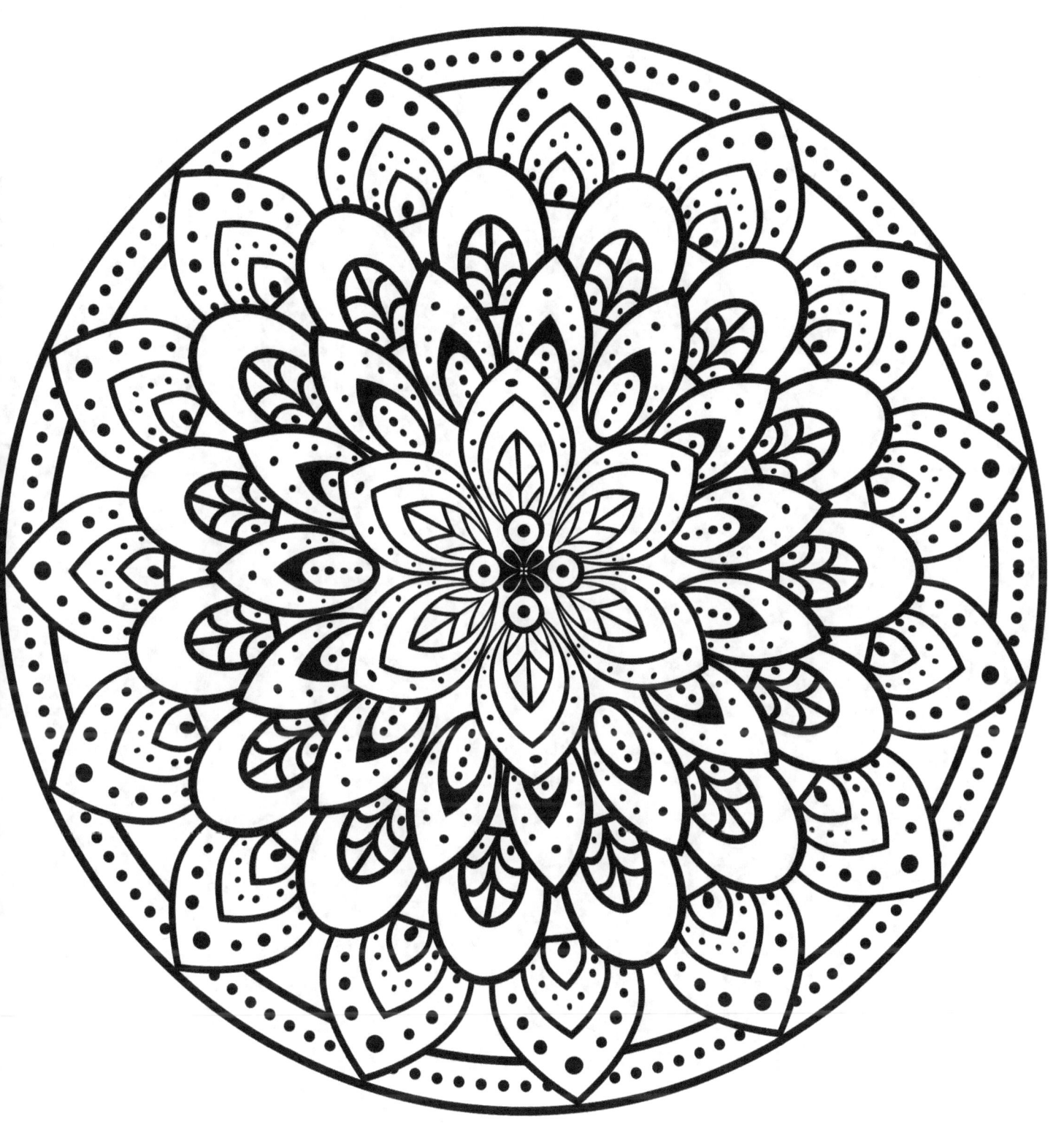

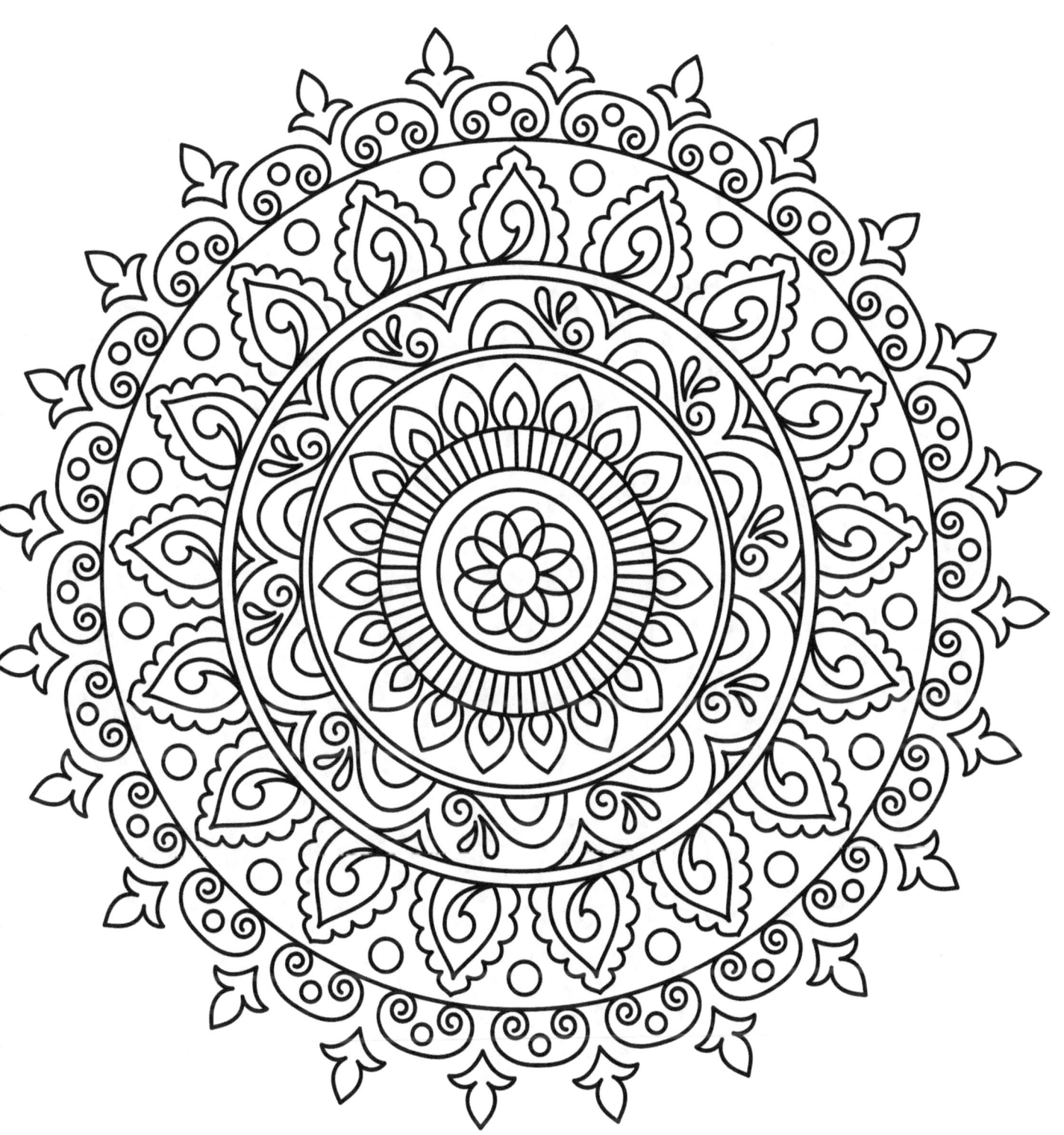

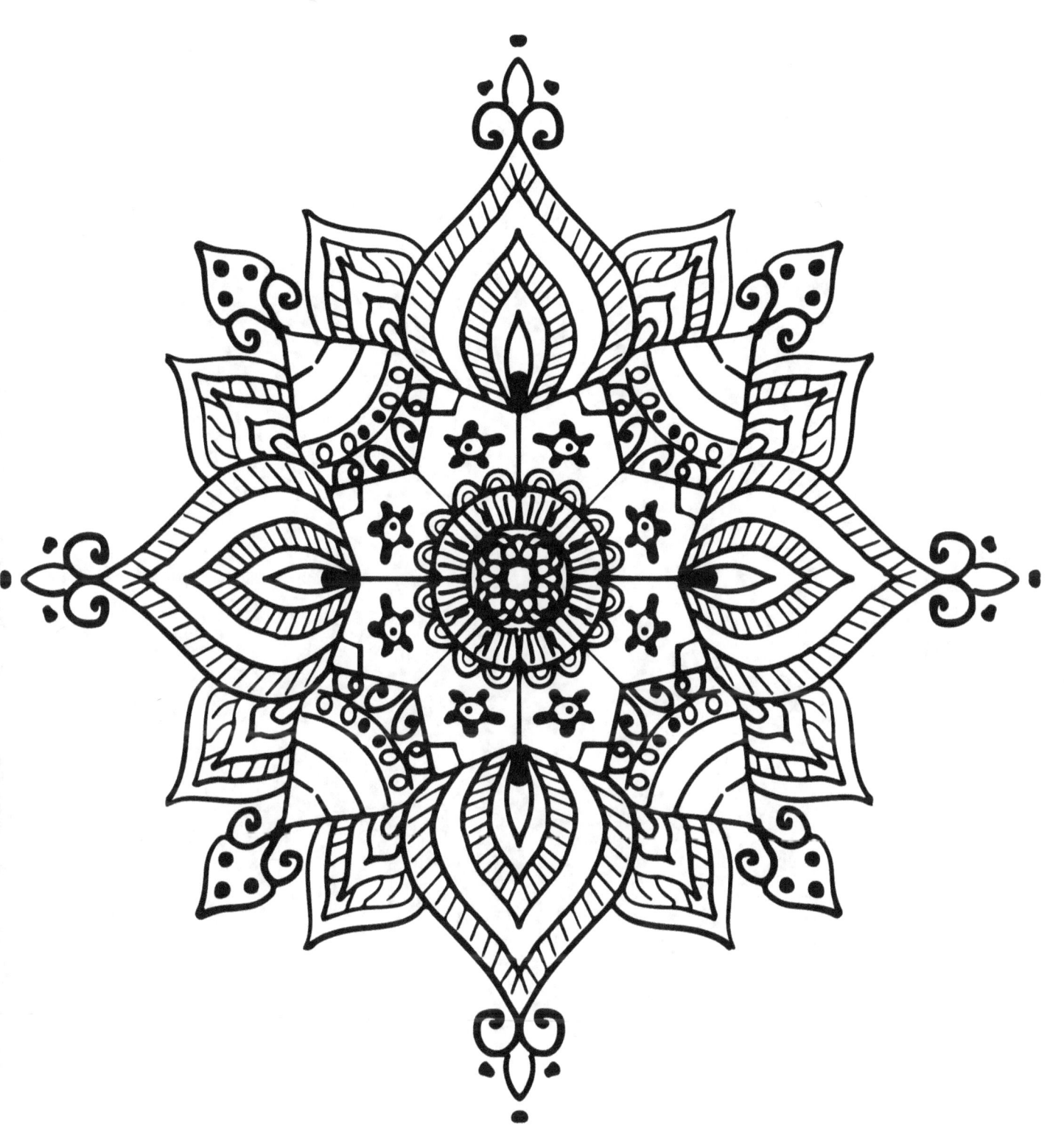

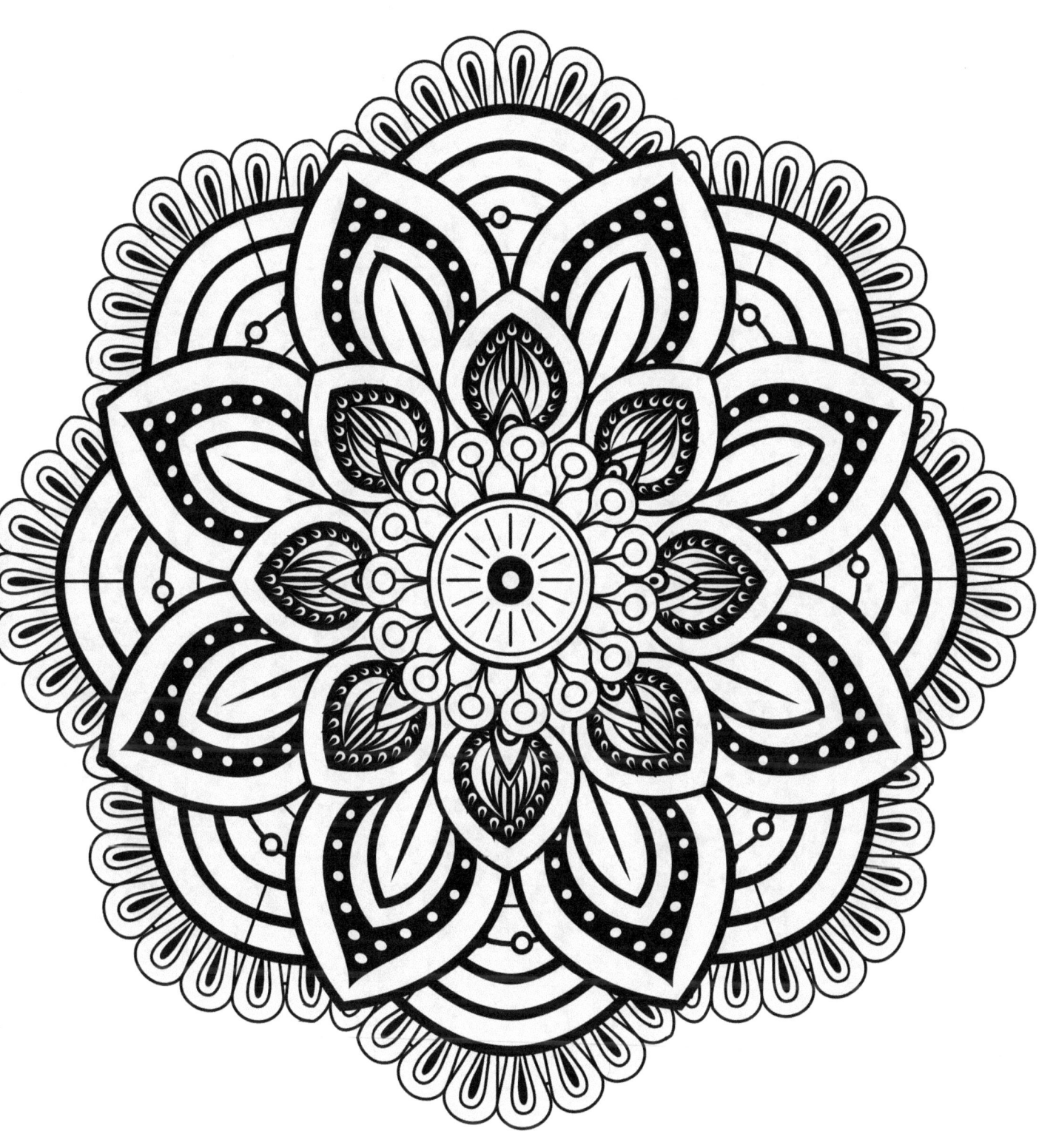

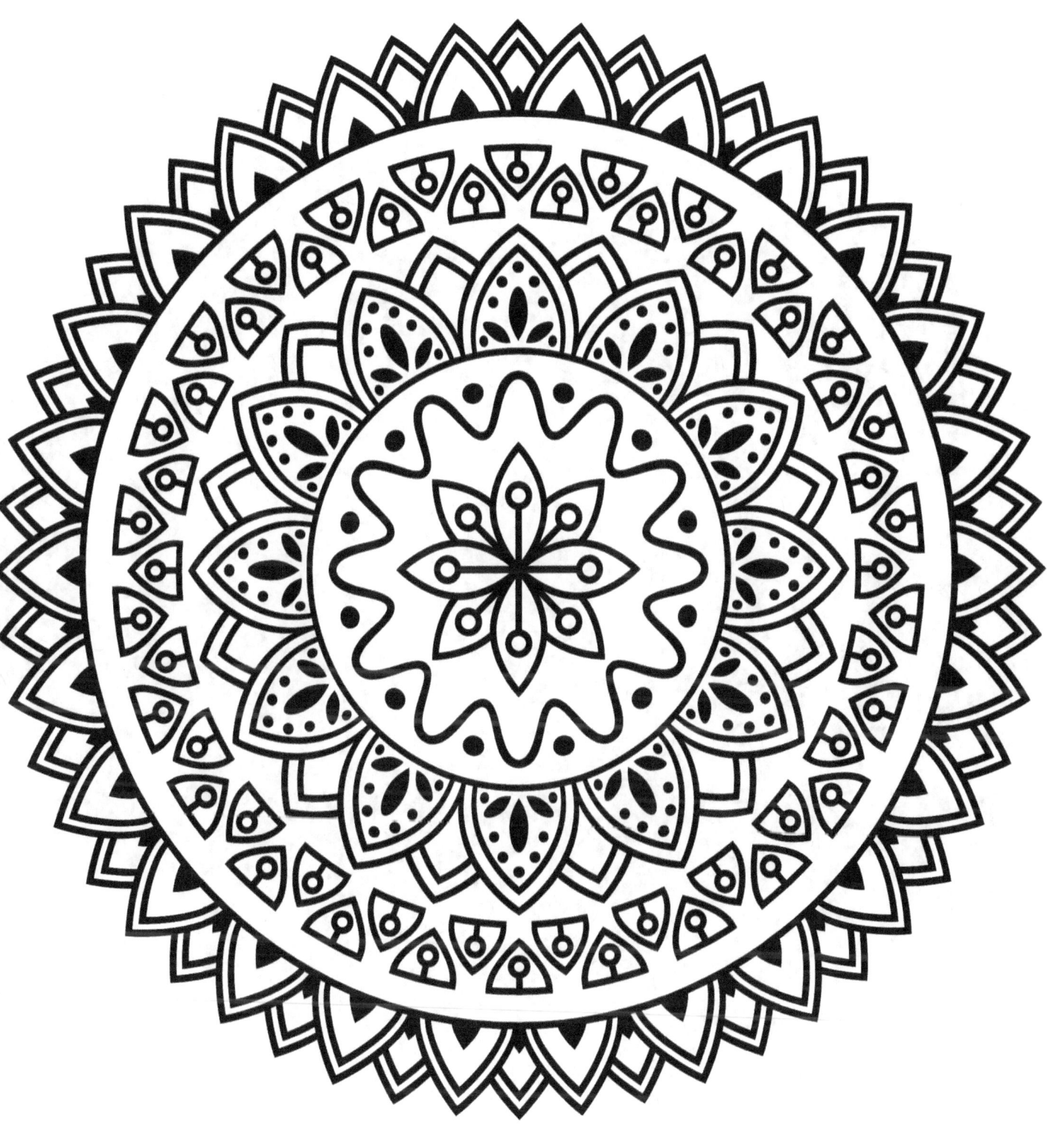

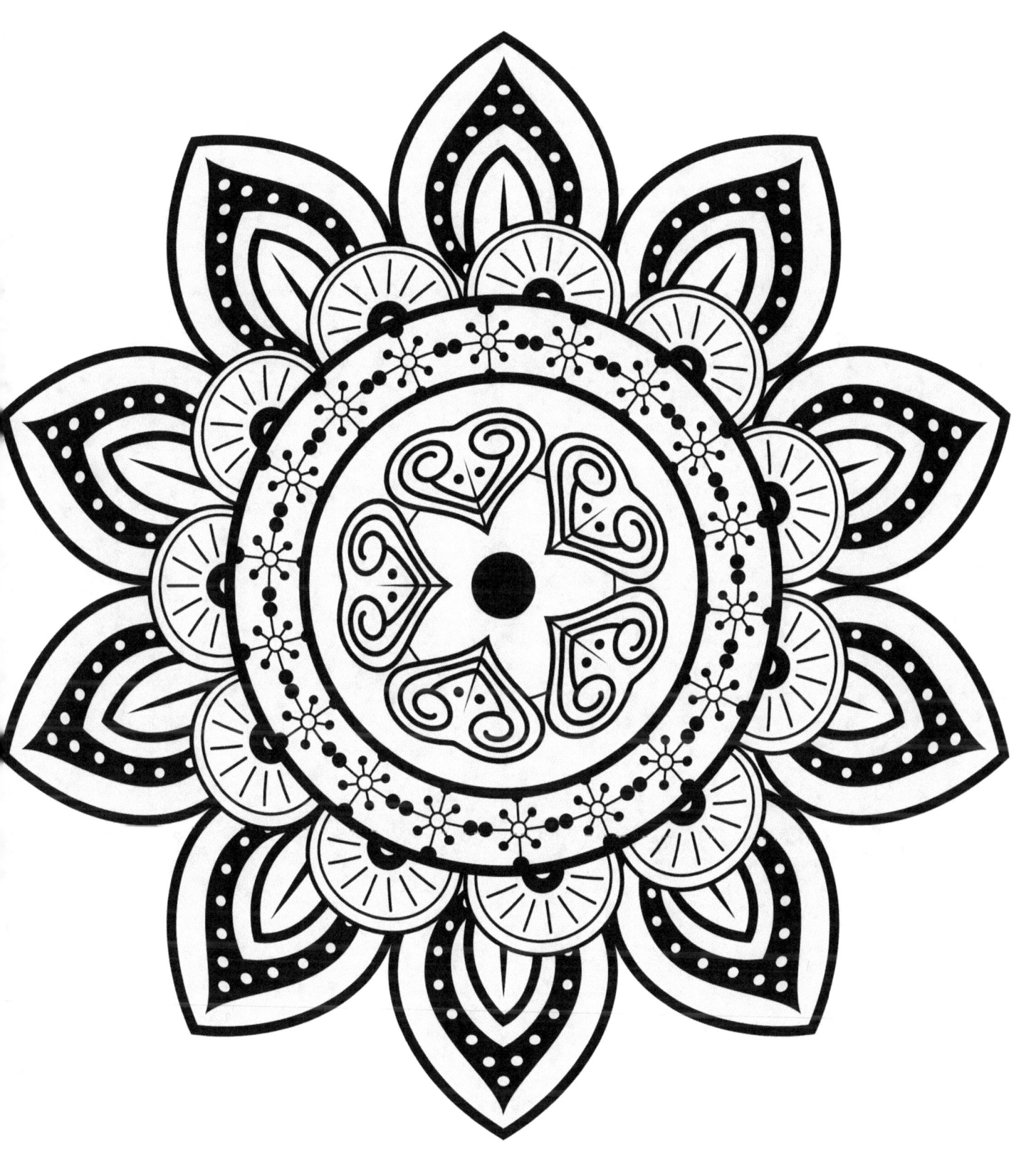

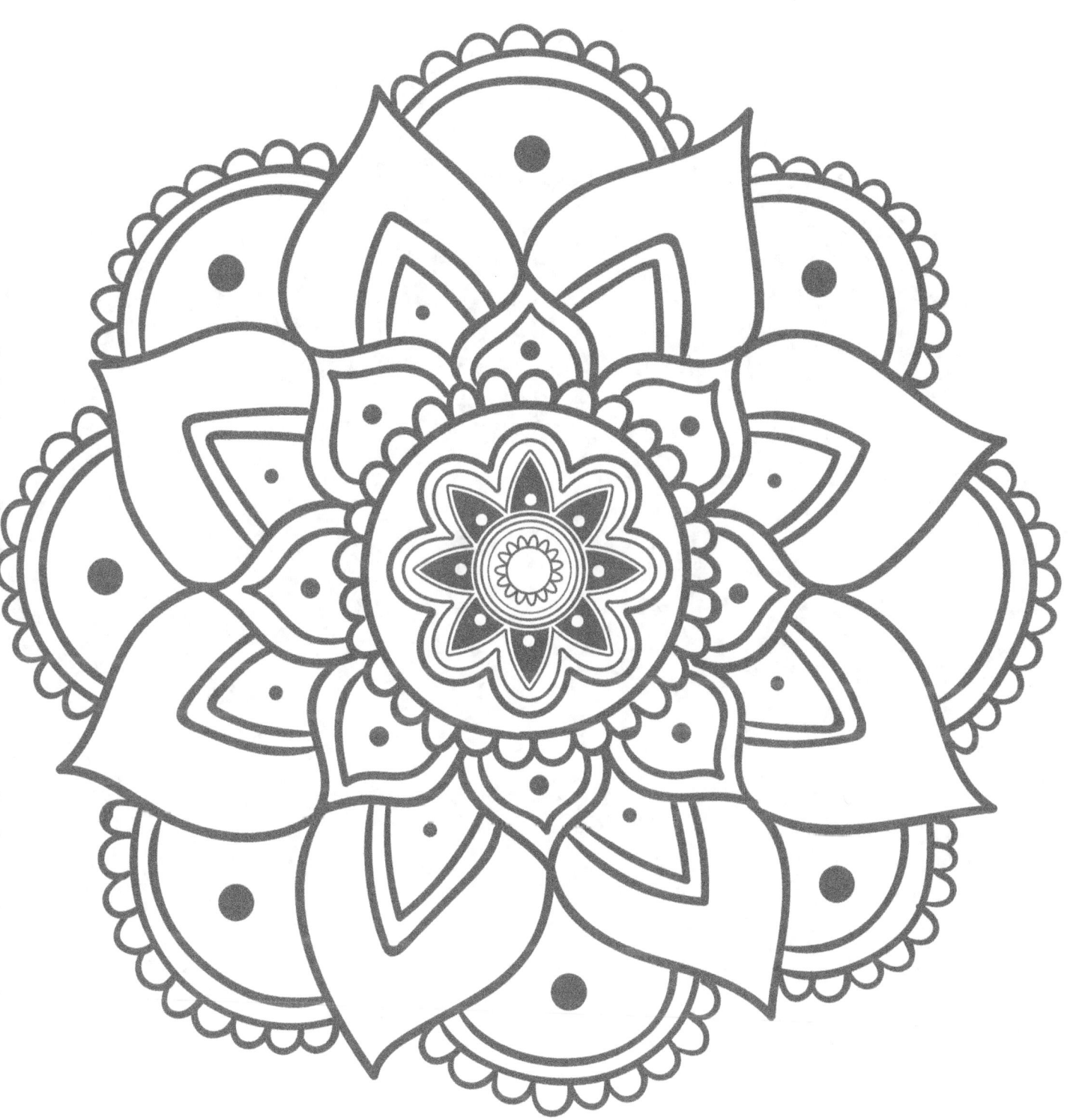

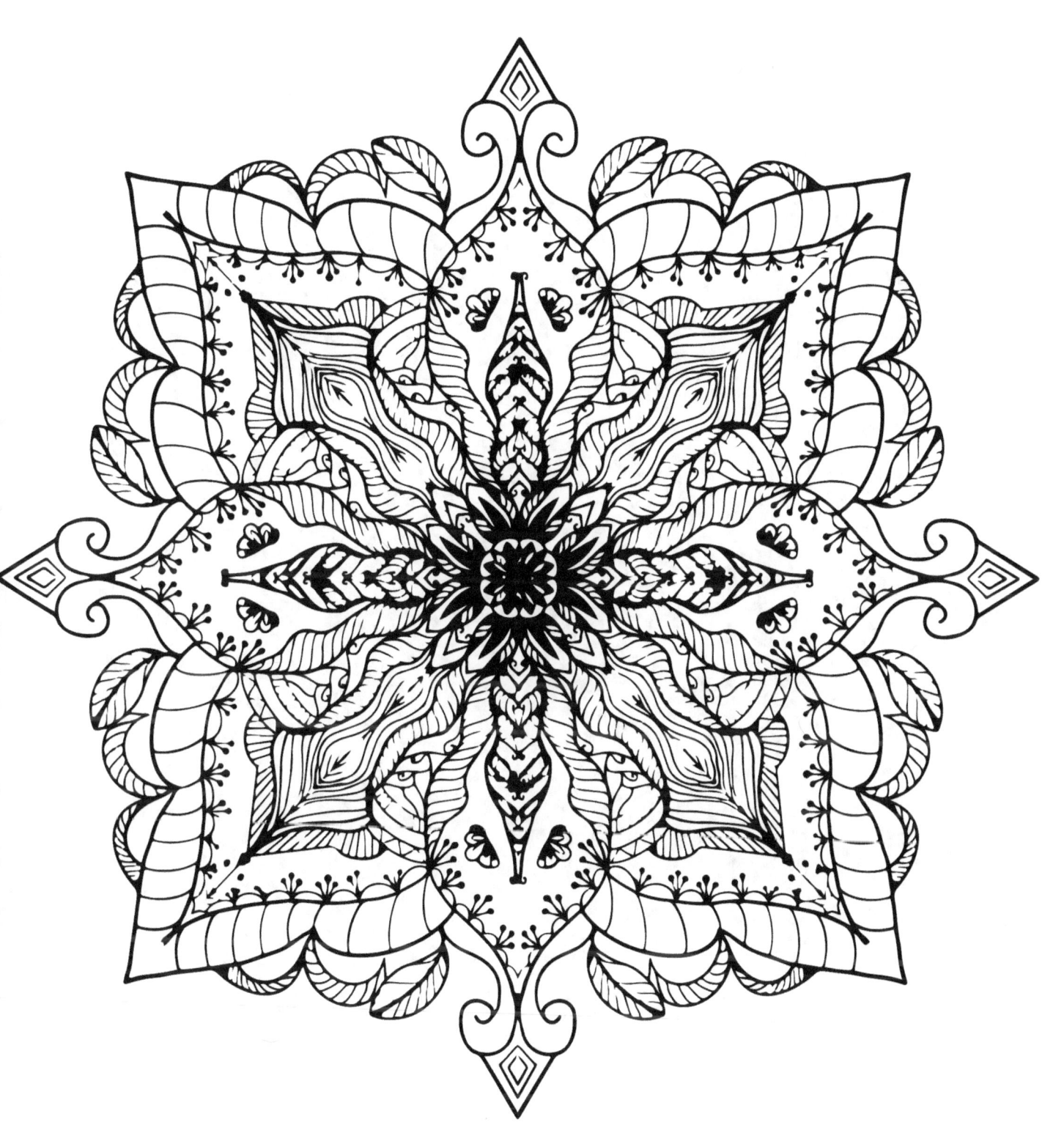

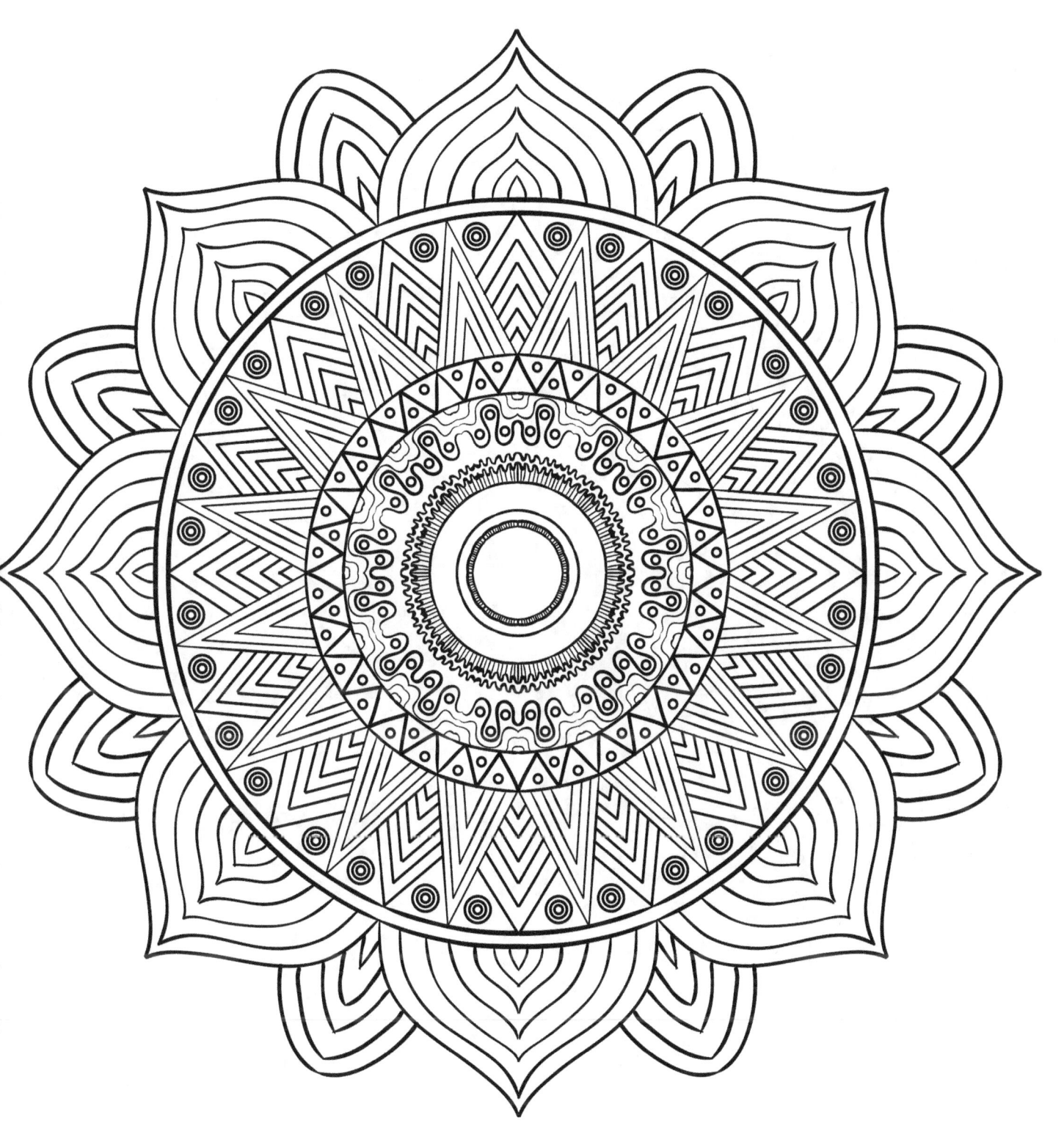

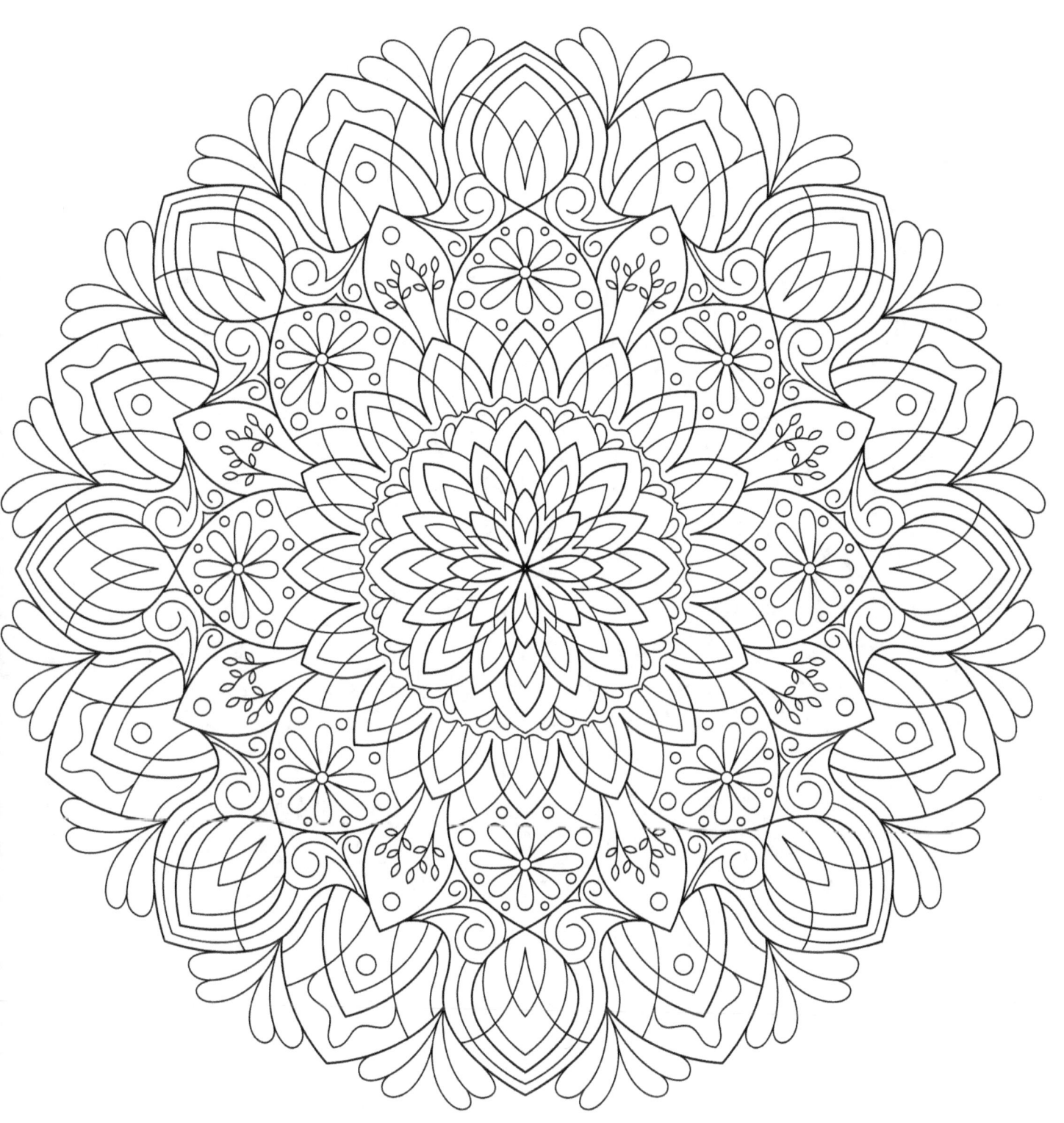

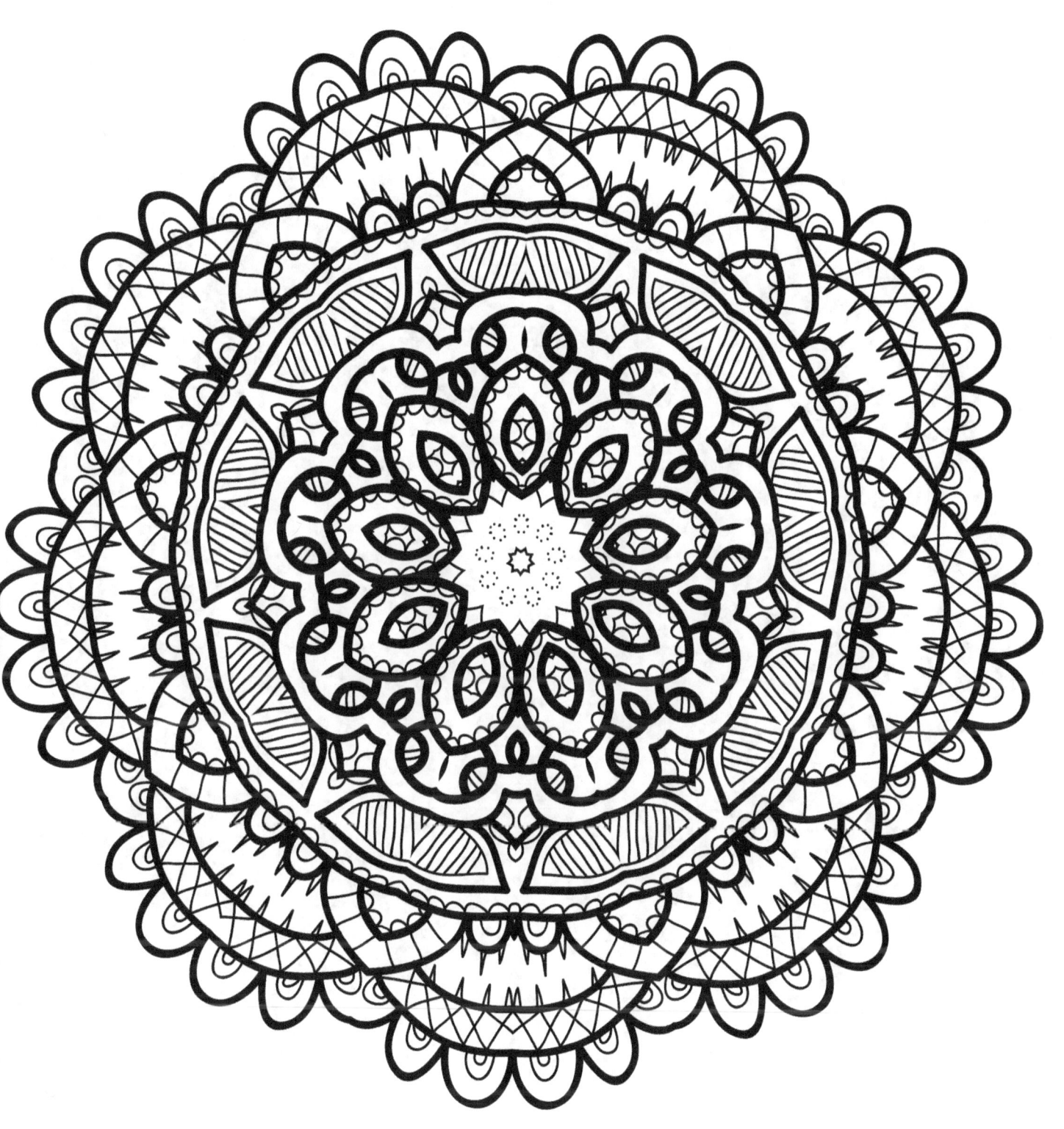

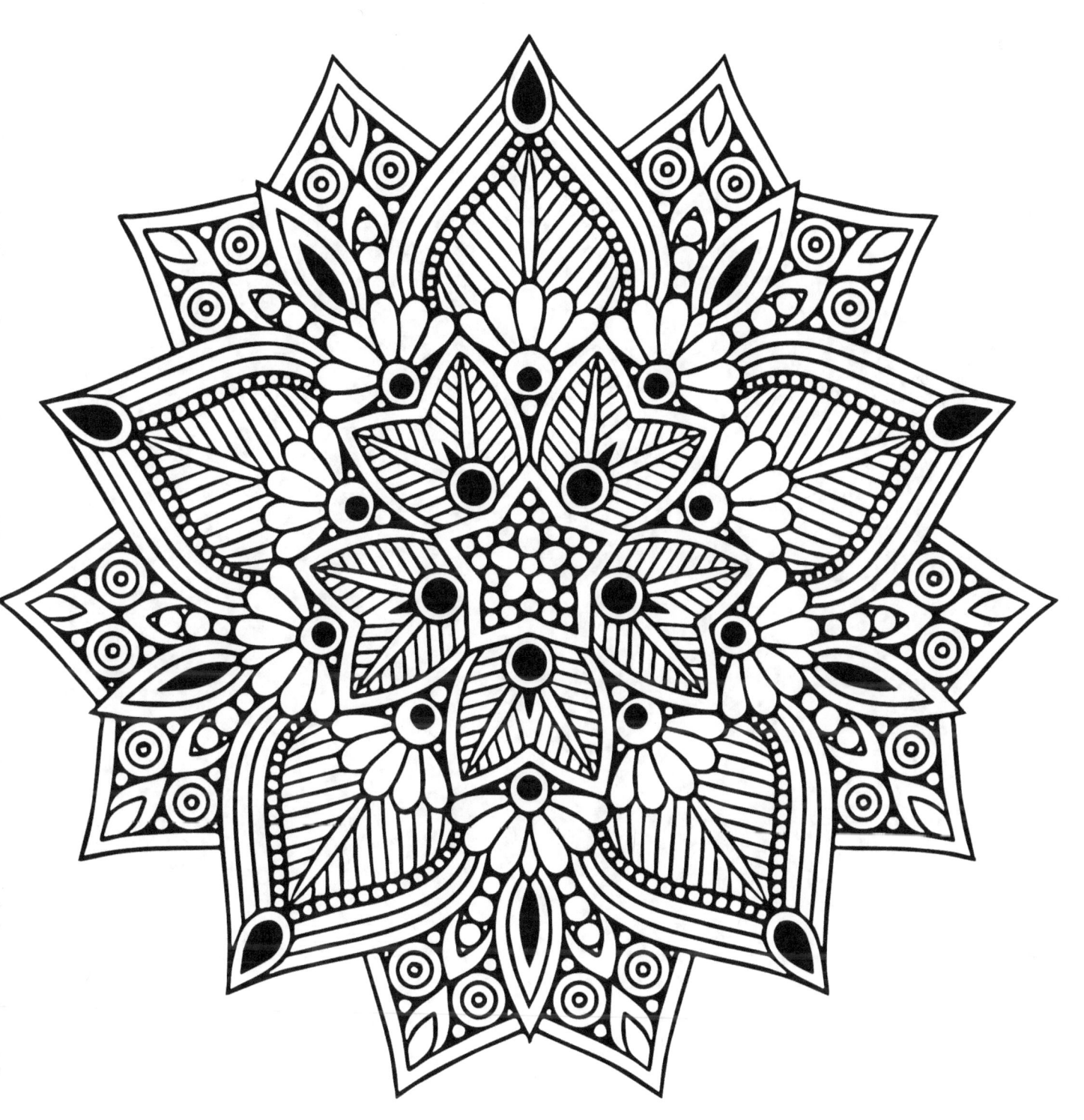

www.ingramcontent.com/pod-product-compliance
Lightning Source LLC
Chambersburg PA
CBHW082220220526
45470CB00010B/3246

Apprenez les fruits de manière ludique

Bienvenue dans un monde où les pommes, les bananes et les fraises prennent vie à vos couleurs ! Ce livre de coloriage n'est pas seulement un livre ordinaire, mais aussi une façon très amusante d'en apprendre davantage sur vos fruits préférés !

Chaque page regorge d'illustrations de fruits prêtes à être coloriées comme bon vous semble. De plus, nous vous mettons au défi de deviner le nom de chaque fruit, une excellente façon de tester vos connaissances tout en vous amusant !

Pouvez-vous imaginer une pastèque violette ou un kiwi bleu ? Dans ce livre, tout est possible ! En remplissant chaque fruit de couleur, vous apprendrez leurs noms et leurs caractéristiques sans vous en rendre compte. Il est parfait pour les enfants curieux avec une ame d'artiste.

Alors, à vos crayons, préparez-vous pour un délicieux voyage et laissez libre cours à votre imagination. La coloration n'a jamais été aussi amusante et fruitée !

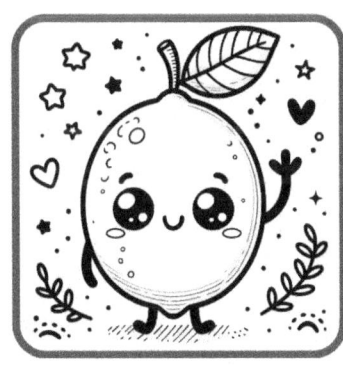 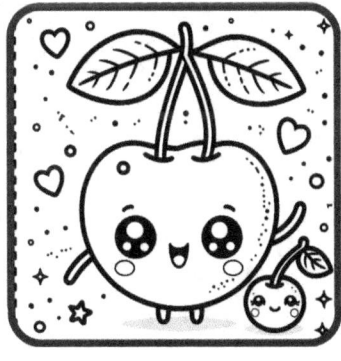 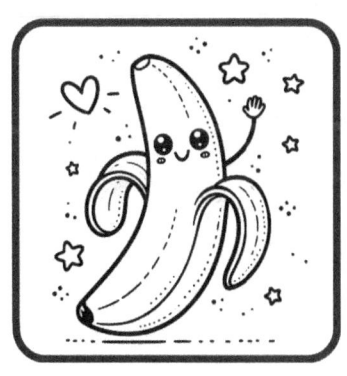